경남시인선 247

큰골 가는 길

표영수 시집

돋을새김 경남

서 시

참 많이도 올라온 길
뒤돌아보니 고마운 일뿐이었네
크고 작은 인연으로
얽히고설켜 손잡아주고 다독여주며

햇살은 하늘에서 맑고 밝은 웃음으로
풀잎은 땅 위에서 이슬 맺힌 눈망울로

이러쿵저러쿵
말이 모자라면 손짓 발짓 몸짓으로
마음속 숨은 속내 밝히기도 해 가며

크고도 넓은 우주 지구라는 푸른 행성
한때 한 틈새 한 부분 되어

'큰골 가는 길'에 만났던
흐르는 구름 바람 한 점 들풀 날새 한 마리에까지
다시 한 번 고마웠단 말 전하고 싶어.

차례

서시 3

제1부 바람 이리 아쉬운 날

뜨개질 10
명약 11
빨래가 부러운 날 12
밭을 매다 보면 13
책 속의 나비들 14
칼갈이 16
콩나물을 다듬다가 18
빗쟁이 20
꽃집에 간다 21
오미자차를 마시다가 22
연을 날리다가 24
가을 차 맛은 25
바람 이리 아쉬운 날 26
목로주점 할아버지들 28

제2부 큰골 가는 길

낭수대 연가 · 1	30
낭수대 연가 · 2	32
달래강 휘파람 소리 · 1	34
달래강	36
달래강의 오리온	37
헌 신	38
붕어빵 그때 그 온기로	40
김장을 하다가	41
복숭아밭의 볼우물	42
보름달	44
그때 그 차	45
할머니의 땀방울	46
손주들 · 1	48
손주들 · 2	49
큰골 가는 길	50
Der Weg nach Keungol	52

제3부　하마 지금쯤 봄 오는 소리

하마 지금쯤 봄 오는 소리	56
봄의 서곡	58
삼월	59
사월에는	60
오월	61
유월	62
백합꽃 새하얀 날에	63
칠월	64
팔월	65
타는 대낮	66
가을 들판	67
가을 단풍	68
보라 가을 들판을	70
겨울나무	72
지금은 얼어붙은 겨울이외다	74
한겨울	76

제4부 흘러라 구름아

옹달샘	78
별	80
거미줄에 매달린 메뚜기	81
고추잠자리	82
고추잠자리 혹은 거푸집	84
공작선인장 그 왕관에 대하여	85
비 내리는 날에	86
나무는	88
나비 떼가 화근이다	90
복수초	92
옥잠화	93
신탑	94
절 장끼	95
찔레꽃 향기	96
푸른 하늘	98
흘러라 구름아	100
하얀 초승달	102

제5부　　새는 자기 길을

별 밭에서 헹구어 내는 영혼　　104

날개의 변　　106

냉이 한 포기 건너가는 길을 보아라　　107

석류　　108

수채화　　109

부부　　110

사랑　　111

예수　　112

예수 다시 예수　　113

오늘 하루 이 선물　　114

새는 자기 길을　　115

정상에 올라보니 보이더구나　　116

죽전 만당　　118

합수에 와 보면 안다　　120

거열산성 지금도　　122

풀과나무의집　　123

해설 | 《큰골 가는 길》의 소실점 • **표성흠**　　126

후기 | 《큰골 가는 길》로 이르는 시집 • **박혜원**　　148

제 1 부

바람 이리 아쉬운 날

뜨개질

실에 바늘을 걸어
뜨개질하는 법을 누가 알아냈을까
누가 시작했을까

코로나로 바깥일을 줄여야 하는 요즘
모아 둔 자투리 실을 찾아
시간의 틈새를
뜨개질로 메꾸어 본다

급하게 서둘다
한 코라도 빠트릴라 건너뛸라 조바심해 가며
세월의 실에다 한 생을 걸어
한 단 또 한 단 짜 올라가고 있는 우리

삶의 뜨개질은 좀 느려도 신중하게
공들여 곱게곱게 짜 올라가야 한다
흠결 흉터가 아무리 크고 넓다 해도
풀어 다시 짜면 되는
생은 뜨개질이 아니기 때문이다.

명약

아침도 굶고
새벽부터 진동까지 가서
운전면허 시험에 떨어지고 오던 날

평소에는 거들떠보지도 않았던
옆 밭 아저씨
거름 가득 싣고 차로 둑길 달리는 것 보고
그렇게도 존경스러울 수가
돋보일 수가

얼마나 마음 조아리며
돌아서서 절을 했는지
그날 이후
내 어깨가 얼마나 부드러워졌는지
좌우로 목은 또 얼마나 잘 돌아가는지.

빨래가 부러운 날

빨랫줄에 매달려
몸피를 줄이고 있는 빨래

땡볕에 말릴수록 귀가 살아 펄펄하고
빛살에 태울수록 하얗게 바래 밝기가 대낮이다

생의 바지랑대 곡예를 하는 우리들
더러는 돈줄에 목이 묶여 어깨 처지고
밥줄에 매달려선 까맣게 속이 타는데

바람 앞에서도 펄럭펄럭 깃발 흔드는
매달리기 선수
오늘 같은 날은 차라리 빨래 네가 부럽구나.

밭을 매다 보면

밭을 매다 보면
내 마음이 보인다
뽑아내고 뜯어내고 덮어 봐도
돌아서면 시퍼렇게 돋아나는 잡초

부질없는 근심 걱정
뜬구름 허욕
달래고 누르고 갈고닦고
다독여도

잡초를 뜯다 보면
밑도 끝도 없이
하얗게 도사린 욕망의 뿌리
내 마음 숨은 속이 보인다.

책 속의 나비들

서가에서 뽑은 책 한 권
오랜 먼지를 털었다

목이 마른 애벌레들
깨알로 행을 이루어 살아 있었다
옛날 밑줄 그어 이어놓은 다리를 건너
안면 있다고
금방 내게로 뛰어와 안기는 낯익은 것도 있었다

몸이 푸른 자벌레는 이미 내게로 와서
나비가 되어 수없는 꽃길로 숲으로
나를 데리고 다니며
나의 날개가 되어주기도 했었다

누군가 제발 데려가 주기만 한다면
투명한 빛깔의 날개 달린 길로 그윽한 숲으로
안내해 주겠다고
지식 기능 실력 양식으로 동반자 되어주겠다고
목을 뽑고
포개어진 세월 곰팡내 속을 기다리고 있었다

서가에서 뽑은 책 그 갈피 속에서
부화를 꿈꾸며
날개를 펴고 싶은 애벌레들
까아만 눈 메롱거리며 기다리고 있었다.

칼갈이

교회 광고 시간에
목사님이 말씀하셨다
"교회 칼갈이를 구입해 두었으니
이웃들에게도 알려 많이 이용하라"

이웃집도 좋지만
우리 집 싱크대 안쪽에 꽂혀 있는
무디어진 칼부터 생각했다

우물가 조각난 숫돌에 더러 갈기도 했지만
쉽게 무디어지는 날
고구마를 쪼개다가 무를 채 썰다
손가락을 갉은 때가 얼마나 많았던가

갈아야 할 것이 어디 칼뿐이던가
쓸수록 무디어 가는 내 영의 날
둔탁해지는 이 감성

밀려오는 현대의 문물 그 우상 앞에
매몰되어 상실한 자존감
더덕더덕 달라붙은 녹슬고 빛바래고 오염된 삿된 이
허욕

갈고 깎고 다시 갈아
반짝반짝 빛이 나는 마모된 숨은 날을 찾아내야지
말씀의 칼갈이에 갖다 대어.

콩나물을 다듬다가

콩나물 뽑히듯 차례대로
쑥쑥 뽑혀 나갈 순 없을까
어린것들 무럭무럭 자라
차오르는데

입시다 취업이다
기다림 속에서
눈망울 젖어 줄 서 기다리며 시들어가는
콩나물시루 아닌 것 없고
콩나물시루 아닌 곳 없고

추릴 것도 많고 다듬을 것도 많아라
머리도 떼야 하고
꼬리도 끊어야 하니

몸 비비적이며 줄 서지 않고도
다 큰 것부터 콩나물 뽑듯
순서대로
그렇게 뽑을 수는 없을까
젊은이들 떠밀리며 떠밀리며
기다리고 있는데.

빚쟁이

내 주소를
어떻게 알아냈을까
날마다 여축없이
나보다 먼저 와 상석에 앉아 있는

누구한테 들었을까
아직 내가 살아 있다는 것을

차용증서 내 손으로 써 준 일은 없지만
그때 받아 가슴에 묻어 둔 붉은 인장
무상으로 받은 유산 백지 수표들

오늘도 해 저물어 어둑발은 드는데
왼종일 때 묻히고 긁적거려 구겨진
오늘 몫 수표 한 장

이제는 어디에 썼다 할까
또 무엇에 썼다 할까.

꽃집에 간다

비 오는 날
나는 꽃집에 간다

후줄근히 젖은 몸
꽃 보러 간다

젖을수록
풀 선 옷
색색으로 늘어서 생기 펄펄 힘이 솟는

가랑비 부슬비만 맞아도
처지는 내 어깨

추진 마음 말리려
꽃집에 간다.

오미자차를 마시다가

풋내 겨우 가셔내고
속이 들어찰 때까지
얽히고설키며
돌아 나온 길
오미자 넝쿨이었지

한 고비 또 한 고비
매콤
새콤
달콤
짭짤
씁쓸하였지

잡히는 것은 없고
보이는 것은 다 그림자여서
고개 갸우뚱
많이도 헷갈렸었지

오미자차 한 잔에 가슴을 적시고
서산 내려앉는 노을을 바라보니
지나온 길
볼그레한 오미자 차 바로 그 한 잔 맛이었지.

연을 날리다가

탯줄을 끊어 연鳶줄에다 이었나
공중에 띄워 날고 있는 연

행여 전깃줄에 감길라
나뭇가지에라도 걸릴라
바람이 낚아챌라 땅에라도 떨어질라

쥘 수도
놓을 수도 없어
당겼다 늦추었다
실타래에 감았다 손목에 묶었다

자식을 띄어 놓은 어버이의 연緣줄이여
연 꼬리에 달라붙어
돌아가는 목
떨어질 줄 모르고 따라가는 눈.

가을 차 맛은

오를수록 나른하던
봄 산행에선
옹달샘도 엎드린 채
통째 들이켰지 벌컥벌컥
진달래꽃 그림자

펄펄 끓는 물
커피 맛이 되려 시원하던
여름 차 맛
이젠 다 가로질러

달인 물도 다부* 식혀
마른 꽃잎 마른 풀잎 우려내 마셔보는
가을 차 맛은

먼 산에 눈을 두고 노을이나 음미하며
소매 끝에 바람 이는
내 가을 차 맛은

*다부: '다시'의 경남 방언.

바람 이리 아쉬운 날

골목길에 살랑살랑
치맛자락 흔들다가

동구 밖 둥구나무 아래 그늘
펼쳐 논 바둑판에 나뭇잎 부채질로
훈수도 들지
장난기 동하면 나뭇가지 타고 올라 눙청눙청 그네도 굴리고
심기 불편하면 백 년 묵은 둥구나무
뿌리째 뽑아 패대기도 치지

마실도 자주 와
창에 틈만 보여도 주인 허락 없어도 무상출입
내 방에도 무시로 들었는데
문 열어 기다려도 이리 더워 찌는 날
오늘은 코빼기도 보이지 않네

휴가를 갔나
피서를 갔나
강둑 버드나무 아래 평상
목침 베고 누워 낮잠에라도 들었나

손바닥에 땀이 솟고 등골 물 개울 져
그늘 한 뼘 아쉽고
숨은 턱에 차올라 가슴 탁탁 막히는 날.

목로주점 할아버지들

산호초 꽃밭에서
뛰고 노닐던
창창한 바다
그 바다는 이제 갈수록 멀고

선술집
목로
노을에 젖은
등 굽어 휘어진 마른 새우들

눈길 주는 이도 없고
귀도 외로워
길가로 나앉아
길 가는 발자국 소리만이라도

성성한 서리 끝에
수염만 무성히 날 세워
허리 굽은 할아버지들.

제 2 부

큰골 가는 길

낭수대 연가 · 1

낭수대 우거진 숲속에 드니
나는 자꾸 눈물이 나더라

검정 치마 하얀 저고리 고무신 신고
소나무 둥치 끌어안고
돌아가며 차례대로 사진 찍던
단발머리 순복이 희자 숙이 생각나더라

울울 장송 소나무 아래
달그림자 밟고
푸른 꿈에 취해 손잡고 거닐던 임 생각나더라

수십 년 그리움으로 다시 찾은 낭수대
둥근 섬 휘감고 돌던
그 깊고 푸른 물
지금은 모래로 채워 개간한 과수원이 다 빨아먹고

솟을 바위 꼭대기에서
동네 아이들 웃통 벗고 물속으로 뛰어내리던 그 깊은 소(沼)
말뚝으로 둘러놓은 우리 속
검은 염소 몇 마리 고삐에 매여 울고

수십 리 뻗어 눈부시던
하얀 모래밭 풀은 짓어 키를 재고
볼볼볼볼 그 많던 도요새는 어디로 갔는지
물 위를 날던 새 한 마리 보이지 않더라

아 달밤에 저 혼자서도 잘만 돌아가던
물레방아 소리
이젠 사라져 내 가슴만 이리 쿵덕이는데
지는 해 노을은 예대로 붉고
솔가지 사이에서 몰려나온
시퍼런 바람만 날 반갑다고 옷자락 붙들고 놓을 줄을
모르더라.

낭수대 연가 · 2
— 물방앗간

그리던 내 고향
낭수대 돌아와 다시 서니
솔숲은 예대로 푸르러 청청하고
서쪽 벼랑 위 너럭바위
지금도 제자리 눌러앉아 넓고 평평한데

한밤중에도 굴통 굴리며 잘만 돌아가던
물레방아 심장 박동 소리 들리지 않고
물방앗간 흔적 없네
간간이 흐르는 물소리만 내 가슴 와 혼자 뛰네

나락 가마니 보리 가마니 지고 나르던
윗담 아랫담 수염 긴 어르신들
설 명절 다가오면 머리 위에 가래떡 함지에선 김이 솟던
어석거리는 하얀 광목 치마 동네 아짐마들
온 동네 참새 떼들 그때는 다 몰려 재잘거렸지

아름드리 팽나무 아래 나지막하던 슬레이트 지붕
그 뒤로 난 까만 정지문
하얀 바가지 동동 띄우고 이고 가던 물동이
빨간 댕기 머리 얌전하던 그 친구
웃음 지을 땐 양 볼에 우물 깊었지

달 밝은 여름밤 홈통 옆 모래밭에 둘러앉아
끝도 없는 이야기꽃 머리 위에서는 별이 수도 없이 모래밭에 떨어졌지
꿈 많던 그때 그 친구들
지금은 어느 곳에 무얼 하는고
다 떠나 흔적 없네 보이지 않네

아 속도 없는 저 매미 소리 왁자지껄 날 붙드네
나만 홀로 망부석이네.

달래강 휘파람 소리 · 1

모찔 다리 건너
구례로 오는 하천 둑
교교한 달빛 드리워진 우윳빛 휘장을 뚫고
휘파람 소리로 건너오던
그대 모습 보여

슈베르트의 세레나데
숨죽은 밤의 고요 흔들어대던 파장
낭수대도 구암대도 잠 못 들었지

그 긴 하천 둑
지금은 늘어선 느티나무 가로수
은은한 달빛 다 가려 덮어 놓았지만

꿈길에서도
금속성 쇳소리로 날을 세우고
비늘 일으키며 달래강 물살로 반짝이던

의기찬 젊은 날 사랑의 노래
그 휘파람 소리
지금인 양 아직도 내 귀에 쟁쟁해.

달래강

달빛을 두르고 내가
이 둑길 밤내 걷고 있는 것은
흐드러지게 피어 길을 밝히는 달맞이꽃 때문은 아니다

이슬에 젖어 강둑에 서 있던
지울 수 없는 네 그림자 때문만도 아니다

억만 성좌를 끌어안고
세월을 질러가는 시퍼런 저 울음소리

아직도 못다 빠져나가
내 가슴에 와 출렁이는 이 강물 소리.

달래강의 오리온

달래강 둑길
함께 걷던 밤
천오백 광년 내달려온 오리온 성좌
손가락으로 가리키며 내게 말했지
사랑이란 변치 않는 영롱한 별이라고
저 별은 언제고 우리가 만날 다리라고

꽃길 젊은 날도
철석같은 맹세도
다 흘러 멀리 가 돌아올 줄 모르는데
시공을 넘어 이 밤도 혼자 날 기다리나
찬 하늘 눈이 시린
오리온 저 먼 길 다리목에 혼자 서서.

헌 신

모처럼
새 신 신고
해인사 구경 간 날

신은 옹치고 발가락엔 물집 생겨
경내 구경은 꿈도 못 꾸고
일주문 앞에 앉아
헌 신 생각했습니다

진 날 갠 날
언덕길 자갈길도
끄는 대로 이끌려
밑바닥이 다 닳아 종이쪽이 되도록
언제 어디에서 발을 넣어도 그리 편하던

나와 땅 사이
내 걸음 행여 잘못될까
오므렸다 폈다 엎드렸다
가슴 조아렸을

팽팽하고 곱던 모습
빛 다 바래
날강날강 골이 지도록
나와 길 사이
온몸 방패 되어 사랑으로 지켜 준
헌 신
일주문 앞에 앉아 어머니 생각했습니다.

붕어빵 그때 그 온기로

육십 년도 넘은 그 이전
진눈깨비 바람에 뒤엉키고
아래턱이 까불리는
비선거리 지나오는 시오리 하학 길에

가슴에 품어와
그가 꺼내주던 종이 봉지 속 그리 따끈하던 붕어빵

혼자 걸어온 숱한 겨울
살을 에는 혹한에도
길가에 팔고 있는 붕어빵
보기만 했다 하면

그때 남은 그 온기
화덕 앞에 앉은 듯 온몸 후끈해 오고
전류에 쏘인 듯
지금도 달아오르고.

김장을 하다가

배추 속잎보다 포개어진
어머니의 사랑 속엔

내가 질러 놓은
칼금이 수십 개는 더 있었을 게다

마른 잎에 슬슬 치는 소금
그 얼간에도
내 이리 속 따가운데

고춧가루 마늘 생강
시도 때도 없이
젓국에 버무려 다져 넣은
그 아린 소

푹 삭아 우러나던
어머니의 사랑 속엔
내가 질러 놓은 칼금이
수십 개는 더 있었을 게다.

복숭아밭의 볼우물

그해 여름
절터골 펑퍼짐한 산자락
짓은 풀 다 두고
큰골 다복솔 서너 그루 키를 재는
굳이 내가 그 묏등에 소를 푼 것은
벌 나비 풍뎅이 진동하고
홍도 백도 수밀도 타들어 가는
복숭아 과수원이 그 언덕 아래 있었기 때문이었네

이마를 조여 대는 뙤약볕
손등에 얹고
묏등 타고 앉아 고개 한 번 돌릴 사이도 없이
복숭아밭에만 눈을 둔 것은
탱자나무 울타리 허술한 틈새
정말이지 그 틈새 복숭아를 넘보기 위해서가 아니었다네

요롱 방울을 삶아 먹었는지
쩌렁쩌렁 골짝을 내흔들며
바른대로 대라던 그녀 아버지
그녀 보는 앞에서
아무리 다그치고 윽박질러 쇳소리로 왈겨 닦달해도
전날 밤 울 넘어갔다는 그 복숭아
그건 전혀 난 모르는 소리였었다네

스무 살 달구어진 화덕 같던 내 마음
넉넉히 식혀주고도 남을
수밀도 배꼽보다 훨씬 더 깊고
사내 하나 넉넉히 빠지고도 남을
깊이를 알 수 없는 볼우물 하나
아 그 복숭아밭에 숨은
붉은 댕기 머리 그 기집애
울타리 안에 얼씬거리던 그 기집애.

보름달

지워내고
지워내고
사라지는가 하면 내 백사지
다시 돋아나는

눈을 감아도 떠도
생의 우듬지 촉수 끝에
환하게 밝아와 내 혼을 싸고도는

살아생전
끝내 못다 지워내고야 말
내 이 지독한 그리움으로 다시 떠오르는 너는.

그때 그 차

그때
그 차
놓치길 잘했지

다음 차 기다리느라
남의 추녀 밑
내리는 비에
옷은 좀 젖었지만

뒤 차
그 속에서
너를 만날 줄이야

그때
그 차
놓치길 정말 잘했지.

할머니의 땀방울

밭고랑에서 일어서는
할머니의 콧등에는
땀방울이 송글송글 맺혀 있어요

땀방울 속에 햇살이 들어가면
무지개가 뜨지요

할머니 엎드려 뿌려 놓은 땀방울
밭고랑 고랑마다 송글송글 싹이 나고 있어요

파릇파릇 날개를 달고
솟아오르고 있어요

따뜻하고 부드러운 꽃도 피고요
매콤 새콤 달콤 향기도 나고요

상추며 시금치 토마토 고추
빨강 파랑 노랑 보라
밭고랑에서도 무지갯빛 떠오르고요

할머니가 뿌려 놓은 밭고랑의 땀방울
이제는 살이 붙어
호미 끝 감자알로 바구니에 동글동글 담겨 있어요.

손주들 · 1

포롱포롱
가슴 위로

무지개 둘러치고

내 하루
말갛게 쪼아대는 새

지지배배
금색 실로

나를 묶는 새.

손주들 · 2

쟁그랑쟁그랑
은쟁반에 오색 구슬

쏟아질라
얼이 질라
조아리는 가슴으로
오늘도 받쳐 드는
어린 상전

눈에 담아
구을리*면
구을릴수록
맑고 밝게 빛이 나는
내 값진 보석.

* '굴리다'는 표준어로 이해는 빠르지만 조급하고, '구을리다'는 눈에 담아 푹 삭히면서 곱게 굴리며 보고 또 보고 하는 의미로 사용한 작가의 시어.

큰골 가는 길

아드내 다리 건너
둑을 따라가다 구례 앞
금귀봉 그 아래
큰골 가는 길

발부리에 차이는 돌
걷어차 내기도 해 가며
길가 널려 있는 풀 더미 속 꽃들도 꺾어 가며
나풀거리는 나비도 쫓아가며

달래강을 건너 이 둑길 들어서기까지
몇 바퀴나 시내를 돌고 돌았던고
교차로 건널 때마다 얼마나 두리번거렸던고
헐떡거렸던고

절며 가든 걸어가든 자전거로 가든 차로 가든
이 둑길 따라가다 보면
나도 몰래 절로 닿아 있는 곳

조바심할 필요는 없다
벌써 낭수대 앞
금귀봉 허리가 보이고 괭이봉 꼭대기가 보이는 지점
굳이 용쓰지 않아도 앞서 오건 뒤서 오건
떠밀지 않아도 큰골은 다 가게 되어 있다
그곳에 가면 다 만나게 되어 있다.

Der Weg nach Keungol*

Über die Brücke nach Adnae,
den Deich entlang nach Gurje,
unter dem Geumguibong,
der Weg nach Keungol.

Steine vor den Füßen
treten,
aus Grashaufen am Wegrand, Blumen pflücken,
den flatternden Schmetterlingen folgen,

über den Fluß Dallae bis zum Deich,
wie oft im Dorf abgebogen,
wie oft vor den Kreuzungen umhergeblickt
und geatmet.

Gehen oder hinken, Fahrrad oder Auto,
den Weg auf dem Deich entlang,
der Ort, den wir unbemerkt erreichten.

Kein Grund für Ungeduld.

Schon vor Nangsu-dae,
wo die Gipfeln, Geumgwibong und Gwängibong**
zu sehen sind.
Mühelos, (Ohne Kraft-Einsetzen, egal vorne oder hinten,)
ohne Drängeln werden alle nach Keungol kommen.
Wir werden dort alle treffen.

*Keungol (Großes Tal) ist Spitzname des Heimatsdorf der Autorin.
**Geumgwibong und Gwängibong sind die Berge, die stehen direkt hinter der Autorinsheimat.

독일어Deutsch어로 번역: 아들 박형규(Der Sohn, Park, Hyeong-Gyoo)
감수Subtrahend: Beatrice Schütze.

제 3 부

하마 지금쯤 봄 오는 소리

하마 지금쯤 봄 오는 소리

묶여 있던 땅의 결박 하마 지금쯤 풀어지고 있나
땅속 깊이 잠자던 씨알들의 껍질
불어 터지는 소리
깊음 속 어두움에 갇혀 웅크리던 배아
애벌레 시늉으로 기어 나오리

아 공중의 저 해님
볼에 힘주어
황금 나팔 불어대면
따사로운 볕살 그 음파에 놀라

볼록볼록 새싹들
올망졸망 튀어나와
초록 날개 여린 깃 펼쳐 보이리
벙글벙글 꽃잎들
환한 웃음꽃 향기로 온 세상 뒤덮으리

강물 덩달아
출렁출렁 시퍼렇게 춤을 추고
물속 고기 떼들
꼬리 치며 요리조리 몰리리

우린들 어쩌겠나
움치고 기실 것이 무어 있다고
닫힌 마음 빗장 다 풀어 펼쳐놓고
주거니 받거니 속엣 마음 오가느라
날 새는 줄 모르겠지

기다리지 않고 오는 봄이 어디 있다던가
옷깃 여미고 뜰에 나가
하마 지금쯤 빗장 삐거덕거리는 소리
두 손 귀에 대고 귀 기울여 본다.

봄의 서곡

높은음자리표 하나
햇살 위에 걸쳐놓고

밭고랑 오선지엔
꼬리 달고 기둥 세운
희고 검은 음표들

지휘봉에 눈을 대고
긴 겨울
얼마나 현을 조여 기다렸으면
봇물로 터져 나오는
저 하모니

제 음색 제 톤으로
파랗고 노랗게
혹은 크고 작게.

삼 월

불룩한 배
목련꽃 눈 위에 이슬 비치면

열리는 지각地殼
다급한 삼월이 몸을 풀지

산그림자 녹여낸 물소리는
젖줄로 흐르고

온기로 햇살은
배내옷을 짓지.

사월에는

햇살이 바늘에다
색실을 끼워

봄의 수틀 위에
꽃을
수繡놓으면

바람은 깃에 묻혀
향을 나르고

새들은 짝을 만나
둥지 문엔
불이 난다.

오 월

비를 씨줄 삼아

대지의
베틀 위에 숲을 짜는
오월

북이 되어 새들은 신록을 나르고
장끼는 골짝에서 바디를 치지

산하 도투마리*에서
풀려 나오는
생동하는 실오리들

한 필 두 필
계절의 말코**에는
녹음이 피륙으로 감기지.

*도투마리:베를 짤 때 날실을 감는 틀.
**말코: 베틀에 딸린 기구의 하나로, 길쌈을 할 때에 베가 짜여 나
 오면 피륙을 감는 대.

유 월

뻐꾹뻐꾹
숲속에
뻐꾹새 울면

뜰 앞엔 모란꽃
새하얀 백합

삐딱 밭 감자 이랑
부풀어 오르고

뒷산 밤나무엔
뒤엉키는 벌떼 소리.

백합꽃 새하얀 날에

순풍만 있었겠나
역풍 다 질러와
유월
녹음의 포구
빛살에 소금기 털고 있는
하얀 돛단배

트인 날만 있었겠나
막힌 날도 있어서
깊은 하늘
등 누르던 수심 다 밀치고 나와
내 뜰에 깃 고르는
학 한 무리

바람 부채질
가시 엉겅퀴
흔들면 흔들수록
풀어내는 향훈으로
내 영혼 표백하는 너는
유월의 제단에 수놓인 순백 향로.

칠 월

저리 푸른 산하 넓은 하늘
속절없이 타는 날에

해는 저리 낮게 떠
신열로 온몸 펄펄 끓는데

하늘 날던 구름 새 떼 그마저
보이지 않고

불이 붙은 원추리 꽃대 위엔
범나비 여린 날개 부채질만 한창이다.

팔 월

산과 들 짙은 푸르름은
깊은 바닷속인데

가로수 늘어선 장미꽃 붉게 피어
밝기가 집어등이다

조석 간 식어오는 바람에
김장 배추 갈이 일손 바쁜데

숲속에선 매미 울음소리
맥이 다 차 간다고
나무 그늘을 흔드느라 자지러진다.

타는 대낮

어쩌자고
뻐꾸기는
숲을 저리 들썩이는가

뻐꾹뻐꾹
대낮이 흔들릴 때마다

담을 넘던 앵두나무
앵두 알들이
수줍어 볼그레
볼이 물들고

뒷골 자갈밭
감자 이랑은
불룩불룩
골 따라 치솟고 있다.

가을 들판

만삭되어
누워 있는
황소 한 마리

온 들판
누우렇게 물들이고 있다

비취 덩이
하나 베고 누워 있다.

가을 단풍

날아라 날아보아라
나비옷 갈아입고
꿈을 꾸는 잎들아

산을 태우고
들을 태우고
그 여린 옷자락에 불이 붙도록

속을 앓다 꿈을 앓다
구름도 삼키고 별을 삼키고
바람에 흔들리며
불도 삼킨 나비야

내일을 향해
가지마다 달라붙어
비상을 꿈꾸며
몸피를 줄이느라 진을 빼는 나비야

또다시 꽃도 되고 잎도 되고 나무도 돼라
순명順命을 좇아
만장으로 늘어서 굽이치며 흘러가는
불 켜 든 가을
불을 삼킨 나비 떼 도도한 물살아.

보라 가을 들판을

이 독에 쏘이면
속부터 차올라 부풀지 않고는
배겨날 수 없는 볕살

설익어 풋내 나는 열매
속 빈 쭉정이
여름내 젖은 마음
여기에 부려 놓으면 영글어
아물지 않고는 빠져나갈 수 없는

보라 저마다
자기 제의를 찾아 두르고
내일을 불 밝힐 번제단의 제물이 되어
어디론가 가고 있는 도도한 저 행렬

자신의 넘치는 충만 하나로
가득 채웠던 가을 들판
이제는 넉넉히 비우고도
뒤돌아보지 않고 가벼운 걸음으로 길 떠나는.

겨울나무

실낱같은 손끝으로
시린 하늘 받치고 서서
바람 불어와 흔들릴 때마다
휘파람 콧노래로
겨울 떠메고 가는
벗은 나무야

바람이야 불다가도 지겨우면
방향을 트는 법
하늘만 무너지지 않는다면
남은 강 건너가지 않겠느냐

손발 좀 시리다고
허릴랑 꺾지 마라
마음 좀 아리다고
무릎도 접지 마라

꿈속에 고이 묻은
봄을 지필 불씨 하나

굽신굽신
속일랑 빼앗기지 마라
주춤거리거나
물러서지도 마라
짐승처럼 목을 놓고 울며 갈지라도
겨울나무야.

지금은 얼어붙은 겨울이외다

지금은
손아귀에 움켜쥐고 있던 숱한 잎들
그마저 다 놓아버린 추운 겨울이외다

한 발 들일 곳도 없이
온 들판 가득 차
찬란했던 계절도

내 뜰에 와
귓가에 속삭이던 새들의 노래
너와 함께 거닐던 꽃길
나풀거리던 나비 떼

속절없이 세월의 물살에
다 실려 나가고

내 기억의 마른 가지 끝에 매달려 대롱거리던
너와 나눈 숱한 언약이며
불타오르던 그 눈빛 함께 꾸었던 꿈들만

진눈깨비 세찬 바람에
꽁꽁 얼어붙어
심중에 그저 깊이 묻혀 있을 뿐

늘 오던 그 봄
다시 와 줄까
또다시 내게도 봄이 오기나 할까
사위를 둘러보는
지금은 내 생애 꽁꽁 얼어붙은 겨울이외다.

한겨울

춥다고 너무 떨지는 말자
추우면 추운 대로 두 손 맞대 비벼보고
더우면 더운 대로 땀도 쏟으며
바람도 더러 마시며 가자

가파른 고비
알몸 하나로
겨울 재 넘어가는 나무가 되자

춥다고 웅크린 채 기죽지 말자
시리면 시린 대로 옷깃 여미고
땀나면 옷고름 헐겁게 풀어
서로 맞댈 가슴을랑 불 끄지 말자

제 살 달여 굳혀 입고
이 아린 날
겨울 강 건너가는 강물이 되자.

제 4 부

흘러라 구름아

옹달샘

나는 깊은 골
그늘에 숨어 있는 작은 옹달샘이랍니다
펌프질을 하느라
깊은 밤 어둠 속에서도
눈 감아 본 적이 없지요

풀잎이며 나무 꽃 짐승이며 하늘을 나는 새
곤충이며 나비 벌레 한 마리까지
강이며 시냇물에 아직도 끊지 못한 저 탯줄

온 세상 혈맥으로 이어대는 나는
지구의 작은 심장이지요

때로는 지쳐 쉬고도 싶지만
내 안에 고인 물 흐리고 어두워지면
무시 때때로 내게로 와 쉬어가는 해와 달 별
어디 가 몸을 풀겠어요

내 심장박동 멈추는 날
기근은 어찌하며 모래 먼지 그 삭막함은
낮은 곳 높은 곳 떠 흐르는 저 구름은 또

변함없는 체온
겨울이 온다 해도 얼어붙을 수가 없는 나는
물의 본향이요
만상에 젖줄을 이어대는 어머니랍니다.

별

스스로 못이 되어
별은
허공중에
하늘을 못 박느라
뜬눈으로
긴 밤 지새고

저리 높이 매달려
땀방울
쏟아내고 있는 것을.

거미줄에 매달린 메뚜기

슬레이트 추녀
백열등 아래
눈부신 음모 거미줄에
대롱거리고 있는
메뚜기 한 마리

폐휴지 고철
깡마른 등판길에
찰싹 달라붙은
리어카 한 대

마른 핏줄에 전신이 감겨
노을 비낀 팔순 언덕에서 삐거덕거리는
고물 장수 할아버지.

고추잠자리

산책로 옆
원추리 꽃대 위
고추잠자리 한 마리
따가운 햇살에
두 눈을 크게 뜬 채 낮잠에 들었다

여름이 한고비를 넘기느라
막 숨을 쉴 때쯤
시골 마루 귀틀이나
담장 위 호박 넝쿨
마당 한가운데 쳐놓은 빨랫줄에 앉았다 떴다
떼를 지어 몰려다니던 고추잠자리

"벌써 조것들 빨갛게 뜨는 것 보니
김장 배추 씨앗 뿌릴 때가 되었구나"
우리 할머니
텃밭 잡초 뜯어내고 두둑 짓느라
숨 돌릴 틈도 없이 바쁘셨는데

이 골목 저 골목 몰려다니며
빨간 우체통
전령 노릇 하느라
그때는 고추잠자리 참 대견했는데

벽마다 월력 걸리고
포트에 든 모종을 사다 심는
계절이 따로 없는 시대를 만나
고추잠자리도 이제 실직을 했으니
눈도 감지 못하고 뜬눈으로 낮잠이나 청할 수밖에.

고추잠자리 혹은 거푸집

된서리
소금밭에 들었던가
고추잠자리

마른 콩대 위
식은 잔광에
다비를 하고 있다

잠망경 달린 잠수복 한 벌
망사 깨끼적삼 맨발
홀랑 다 벗어 놓았다

보이는 것은 다 거푸집이었구나
창공을 타고 날던 날개 기백
속잎까지 훌훌 벗어 다 털어놓았다.

공작선인장 그 왕관에 대하여

천의 칼날
만의 아우성으로
불 켜든

홑볏도 삼매관도 아닌
화형관花形冠 하나

눈이 멀겠다
대낮을 싸지르고 있는 저 화기
바라보는 것만으로도
화상 입겠다.

비 내리는 날에

가뭄 끝에 비 내리니
시들었던 들판이 시퍼렇게 일어섭니다
말랐던 개울 물소리 시원합니다

마당에도 길에서도
제 길 제가 열고
어디론가 흘러가는 저 물줄기 보면
옹달샘 빠져나온 지나온 길 보입니다

아장아장 졸졸졸졸 솔숲 빠져나와
꽃나비 뒤엉켰던 실개천 뒤로하고
뒤섞이고 어우러져 휘돌아 부딪히며
보를 만나 보가 되고 개울 되고 강이 되던

너만 어디 흐르는 것이더냐 흘러라 곱게 흘러
논둑 밭둑 터진 물에
밑바닥에 가라앉은 피눈물 저 앙금도
씻어내라 씻어내 해맑갛게 흐르면서

빗줄기 가닥가닥 흐르는 저 사이로
돌팍 사이 여린 들풀 젖 먹는 소리 들립니다
시퍼렇게 넘실대는 강물 줄기 보입니다
하얀 이빨 드러내고 바다 웃는 소리 들립니다.

나무는

나무는 바람에 흔들려도
넘어지지 않으려고 낙지발 다 뻗어
한 자리 자신을 묶어 세우고 있다

낮에는 뜨거운 햇살에서 실을 뽑고
밤이면 달빛 서늘한 부드러움 가래에 감아
별빛 총명한 눈빛 맑은 총기로

끝없는 물레질
실을 꼬아
자신을 세우려고
제 허리 칭칭 스스로 감아 포박하고 있다

땅속 깊은 어둠 막막한 침묵 속 바위도 후벼가며
비바람 눈비 탓할 것도 없이
잠들지 않으려고
제 속에 세월을 새겨 자기를 그려내고 있다

나무에게 세월은 그저 흘러가는 강물이 아니다
보이는 것 들리는 것 스치는 것 다 붙들고 끌어안아
태깔을 짓고 색을 입혀
향내와 멋을 풍기는 넓은 도량 깊은 포용

그래서 나무는 나이 들수록 세월 갈수록
더 풍성하고 우람하고 우거져서
바람도 새들도 숨을 쉬는 모든 것이 그 아래 안식하는
것이다.

나비 떼가 화근이다

여름내 제 속에 불씨를 묻어둔 나무
살살 바람 부채질에
되살아난 불
불길은
높은 산꼭대기에서 낮은 산으로
밭둑을 타고 내려 논들로
논들에서 강둑을 살라내고는
강 밑바닥 푸른 수심까지 파고들어 이글거린다
비가 밤낮 하루를 퍼부었건만도
불길은 치솟아 오를 뿐 이제는
처마 밑 담쟁이넝쿨에도 불이 붙어
온 하루가 화염에 휩싸이고
집 안에선 가쁜 숨 배길 재간이 없다
이제 나무라고는 없다
불꽃이 있고 불꽃을 에워싸는 빨간 나비
나비 떼가 있을 뿐
가을이면 나뭇가지에 달라붙어
떨어질 줄 모르는

저 붉고 노란 나비 떼가 화근이다
오늘도 봇물로 터져 흐르는
날고 싶은 저 행락객들.

복수초

어느 궤도를 달리다 이탈하여
떨어진 별들이기에
이리 소복하게 내린 눈 위에서 반짝이고 있나

봄기운이라고는 아직 기척도 없는 시린 땅
두루 사위를 둘러봐도 온기라곤 없는 여기
내 여린 입김에도 쟁강거리는
아린 별의 저 눈빛

한 움큼 따다가 불 꺼진 내 창에 매달아 놓고 싶다
희망이 있으면 언 땅에서도 꽃은 피어나는가
강철로 된 인고의 화신 샛노란 꽃이여.

옥잠화

그 집 우물가에 가면
옥양사 받쳐 입고
단아한 자태
옥잠 꽂고 앉은 여인네 있네

옥류동 신계천에 머리라도 감고 왔는지
옥봉잠에다
온몸으로 퍼 올리는 저 향내

뜰을 적시고 골목을 적시고
내 마음 적시는
난만한 향유 냄새

어느 님의 발등 씻길 양인지
옥합 하나씩 깨트리고 있네

옥렴 하나쯤 두르고 볼 일이라
아침저녁 언제 만나도
누구를 기다리는지 우물가에 쪼그리고 앉아.

신 탑

탑
꼭대기
용마루 기왓장 위
그 보주로

명산 대찰大刹 건너

타는 겨울
젖은 여름

하늘 찌르고 있는
탑 위의 탑

저 심지.

절 장끼

덜 깬 잠
봄의 혼미를
두들기다 솟구치는
장끼 한 마리

묵밭
덤불 속

단청을 입은
절 한 채
솟아오르고 있다.

찔레꽃 향기

지난 폭우에
옆구리 터진 뒷밭 언덕
잔돌 섞인 썩벼럭 벼랑에 발을 묻고
맨살로 거꾸로 매달려 곡예를 하던 찔레나무

혼자가 아니다
발치엔 남은 가시밭길 불 밝힐
파란 찔레 순 촛대 두셋 발치에 아불시고
기댈 곳이라고는 뒷둑뿐 얼마나 등 비벼 문질렀던가

가시 돋친 이빨 저리 앙다물고
그네뛰기 치솟아 하늘 손 닿을 때마다
뒷산 흐르는 구름 무덕무덕 걷어와
아린 살점 싸매고 동여 하얗게 삭혔다

바람결에 햇살 섞고
밤이면 하늘의 별 달빛에 알알이 꿰어
주렁주렁 목걸이 빨갛게 목에도 걸었다

시도 때도 없이 시퍼렇게 치미는 오기
투지로 곰삭힌 저 내공
웅성웅성 팔랑팔랑 벌 나비 오늘은 구경꾼이다.

푸른 하늘

푸른 하늘 저 깊이를
뉘라 자로 잴 수 있으리오

한 폭 걷어 와
벽에 걸까 하다가도
시퍼렇게 뜬 눈 저 예지 앞에
아직도 영글지 못한 내 맘
속 들날까 부끄럽고

한 바가지 퍼다
독에라도 담아 가둬 보려 해도
뚜껑 닫아 삭으면
변질될까 걱정되고

어느 숫돌에 갈았는지
저 서기 어린 푸른 서슬
예리한 날에
행여 쓰다듬다 손 베일까 두려우니

시려 오는 눈

그도 저도 한 걸음 뒤로 물러

우러러 바라볼 뿐

오늘도 목 젖히고 그저 바라만 볼 뿐.

흘러라 구름아

온몸에 달라붙어
시커멓게 짓누르던 습기들일랑
미련 없이 다 털어 쏟아 버리고

여명의 찬란한 햇빛 아니어도
회한에 젖어 눈시울 붉은 석양 아니어도
목화꽃 피어나는 새하얀 날개로

먼 곳에 눈을 둔 채 천리안으로
날개 위에 날개를 또다시 포개 얹고
산을 넘고 물도 건너 저 언덕 넘어

하늘로 올라가 강이 되고 바다가 된
숱한 회포 시퍼런 사연들
가시로 목에 걸린 그리운 이름들

날아라 날다가 옷깃에 스치기만 하여도
붙들고 놓지 마라
얼싸안고 두 번 다시 놓치지 마라
눈물도 흘리며 소리도 질러가며

순백의 자유
가벼움 하나로
쉼 없는 유랑의 길
흐르는 구름아 오늘도 그리움에 떠 흐르는 구름아.

하얀 초승달

누가
곱게 기른
손톱을 깎아
저리 높이 던졌길래

높푸른 하늘에 걸려
땅에까지 내려오자면
해다 지것다.

제 5 부

별 밭에서 헹구어 내는 영혼

별 밭에서 헹구어 내는 영혼

겨울 숲
헐벗은 키다리
낙우송落羽松 밭에는
밤마다 성탄절 행사가 벌어지고 있다

일천오백 광년 내달려온
오리온성좌며
북극성 북두칠성 카시오페이아
하늘의 성군 다 어우러져
크리스마스트리 만들고 있다

바람이 가지를 집적일 때마다
쟁그랑쟁그랑
수억만 캐럿 금강석
나를 흔들어 깨우는 오색 종소리
흐린 눈을 씻어내고
귀를 닦아내고
때 묻은 내 영혼 씻어낸다

밤 어두워 깊을수록
온몸 시려 아려올수록
헐벗은 키다리 낙우송
그 별 밭에 들어가 서면.

날개의 변

내게는 왜
날개를 주지 않았느냐고 원망하지 마라
날개를 달았다고 다 새가 되는 것은 아니다

창공 높이 고고한 목을 뽑고
대륙도 대양도 넘나드는
새도 물론 학도 있지만

빛을 등지고 음지로 음지로만 파고들어
습한 그늘 앉을 자리 뜰 자리 요량 없는 바퀴벌레는
날개는 달았지만 새는 아니다

퉁방울 같은 두 눈 푸른 날갯짓에도
쓰레기 더미나 오물 냄새 위로만 몸을 내리는 저
미물은 파리일 뿐

날개는 비록 겨드랑이에 달았지만
눈이 가는 곳만 따라 날고
야욕으로 덩어리져 웅덩인지 뻘인지도 모르고 나는
날개도 있다.

냉이 한 포기 건너가는 길을 보아라

손발 시리고
가슴 아린 날은
냉이 한 포기 건너가는 길을 보아라

하얀 실뿌리 언 땅에 드리워 물을 뽑아 올리고
맨가슴 햇살에 맞대어 빛을 끌어모으며
칼바람 호통 소리에는
생긴 대로 납작 땅에 몸 붙여 엎드려

머리에 틀어 얹은 하얀 족두리
온몸 휘감은 저 향내

동토 엄동을
냉이 한 포기
맨발로 건너가는 길을 보아라.

석 류

채발薙髮 머리
벗고 비우더니
해탈하여 열반에 들었다

골수에 물려 있는
영롱한 구슬

늦가을
타는 볕에 다비를 하고 있다

온몸을 열고
쏟아내는
수백 과의 사리.

수채화

마루 밑을 치우다가 나온
구멍 난 고무신 한 짝
밑바닥이 다 닳아

강어귀 갈대밭에
새똥 뒤집어쓴 채
엎드려
삭아 내리고 있는 작은 배 한 척

파도 소리 거친 항해 다 밀치고
하늘을 향해 창을 낸
구멍 난 조가비 하나.

부부

한 축을 향해

두 가닥 자기를 비틀어
감싸안고 괴어 주며

꼬여 가는
새끼줄

소실점까지.

사 랑

네 속에
수직 지름길로
기둥 하나 세우기 위해

굽이굽이 몰아온 내 숨결과
철 따라 포개 안은 내 때깔
맥박 속 숨어 있는 혼을 다 몰아

천둥 번개 소리로
쏟아진다 엎어진다
내 심장의 고동 소리
네 속에 폭포 하나 세우기 위해.

예 수

이 떫은 세상
단맛으로 바꾸어 내기 위해

껍질 다 깎인 채
빨간 생살
날 선 가시에 머리를 꽂혀 매달렸다

살얼음이 되었다
녹았다
타들어가는 살

꿀맛을 내기까지
온전한 제물로 자기를 드린
사랑의 묘약妙藥
매달린 곶감.

예수 다시 예수

목마르다 하십니까
목이 마르다 하셨습니까

이천 년이 넘도록

눈비 상관없이
지붕 꼭대기 홀로 높이
불타고 계시는 분.

오늘 하루 이 선물

막막한 어둠
그 질곡의 산도를 빠져나오느라
얼마나 땀 흘렸으면
넓은 들 산하를 적셔놓은 이슬

청한 적도 없는데
어디서 누가 내 앞으로 띄워 보냈을까
이름도 소인도 없이 내 창 앞에 와 있는
만상을 모아 싼 이 보자기

다 받아 안고 누리기엔 너무 벅차
빨강 파랑 노랑
무슨 색을 먼저 들어 채색을 해야 하나
높고 넓고 맑고 밝은 아 놀라운 백지

내일이면 내 생이 끝날 것처럼
진력을 다해 신실하게
성심을 다해 감사하게
오늘 하루 받은 이 선물 맑고 곱게 물들여가야 해.

새는 자기 길을

두 잎 날개로
하늘을 닦는다

죽지 밑 속털로
하늘에 길을

새는 맨발로
하늘을 딛고

더 머언 곳 높은 곳을
숨결로 닦는다

얼이 질세라
속 털도 숨결도 이제는 말고
제 몸 다 날려
혼으로 닦는다.

정상에 올라보니 보이더구나

지나온 길
어느 모퉁이 어느 계곡이
후미지고 트였는지
계곡 물소리
깊고 얕았는지

정상에 올라보니
산 넘어 산 뒷산까지도
어느 줄기 타고 흘러야 가파르고 수월한지
가까운 산에 가려 보이지 않던 길이
잘도 보이더구나

호렙산으로
느보산으로
때론 갈멜산에서 변화산에서
믿음의 선견자들

거친 나그넷길
생의 꼭짓점에 오르고서야 내다볼 수 있었구나
하늘로 트인 길도 미리 볼 수 있었구나
사람이 가야 하는 길도 볼 수 있었구나.

죽전 만당

죽전 언덕길 올라서 보면
거창읍이 한눈에 들고
드센 눈비 바람
숱한 개발 속에서도
여기저기 남아 아직도 얽혀 있는 대나무 뿌리
죽전 만당은 그냥 그저 붙여진 이름이 아니다

자신을 비워내고
마디마디 지혜와 지식 꿈과 희망
결기로 자기를 동여 가며
우리의 앞날을 책임질 미래 세대들이 땀 흘리는
배움의 전당들이 요지부동 터 잡은 곳

시퍼런 대숲 그 숨결 소리 아직 살아있고
언덕 뒤론 쉬임없이 솟구치는 약수터 참 샘물
산지사방에서 모여든 교우들 선후배 스승님들
어우러져 서로 보고 배우며 울고 웃던

때 묻지 않게 쌓아놓은 젊은 날의 추억들
생의 꿈이 영글고 살이 차올라 세상 몰라도 즐겁던 곳
죽전 만당, 오늘도 미래의 주역들이
하늘로 팔을 뻗고 거창하게 대나무로 자라고 있는
요람.

합수에 와 보면 안다

이곳에 와 보면
물이 얼마나 큰 나무인가를 안다

엎드려 겨우 한 모금 목이나 축일 만한
바위틈 빠져나온 자작한 물이
송계사며 병곡 산수 월성 금원산
기백산 계곡에다 잔가지 쳐놓고
수승대 건계정 원상동을 내려오며 살이 찐 중가지 위천천

삼봉산 우두령 보해산 금귀봉 골골엔 잔가지
밤바우모퉁 낭수대며 아드내 다리 밑을 빠져나오기까지
만나고 어우러지고 뒤섞이다 굵어진 가지 월천천

물축골 둥구나무 아래서 심소정 가는 물길 중간쯤
위천천 월천천 두 가닥 몸 합쳐
한 몸 이루고 아래로 내려가다 황강 되고
또다시 큰 밑둥 낙동강 되어
억만 년 수억만 년 흐르고 흘러가는 푸른 나무

한바다 거대한 뿌리에 발을 담근
한 나무 굵고 가는 생의 가지
그 가지에 매달린 우리는 크고 작은 나뭇잎
합수에 와 보면
우리가 왜 서로 뜨겁게 손을 잡고 살아야 하는가를
안다.

거열산성 지금도

발밑엔 잔설 볼은 시린데
허물어진 성벽 아랜
함묵의 징 소리

복병인 양 엎드린 돌덩이들
젖은 이끼 시퍼렇게 갑옷 두르고
지금이라도 병사들 우르르 떨치고 일어나 몰려올 것만 같다

백제는 어디며 신라는 어디던고
누구의 아들이며 그 누구의 아비던고
얻은 것은 무엇이고 잃은 것은 무어던고
칠백여 혼령들 우루루 깨어 얼싸안을 것 같다

오늘도 해는 무심히 중천을 넘는데
아직도 날을 세운 드센 바람은
정신없이 이리저리 숲을 헤집고
하얗게 질린 낮달 하나 솔가지 뒤로 몸을 피하는가 숨바꼭질 바쁘다.

풀과 나무의 집

나는 지금도 가을밤엔 그곳을 찾는다
그곳엔 아직도 화석이 되지 못한 고전이 있다
달빛 휘장 아래 풀잎 숨죽이는 소리
주먹만 한 별들 서로 비비적거리다 유리알로 깨어지
는 소리
천길 어둠 속을 겁도 없이 수직 낙하
공중 곡예 중 뛰어내리는 별똥별

방아깨비 귀뚜라미 여치 딱딱이 사마귀 이름 모를 벌레들
조상 누대 이어받아 간직해 온
현악기 타악기 금관 목관악기
밤이 깊어가는 줄도 모르고 어우러지는 협연

이 문명시대 농약 한 방울 구경 못 한 풀밭에서
종횡무진 꽁무니에 불을 켜고
가을밤을 수놓는 개똥벌레
무디어진 감성 먼지 낀 혼을 닦아내러
지금도 나는 태고가 숨 쉬는 풀과 나무의 집에 간다

책 읽는 사람들이 줄어가고 글 짓는 사람들이 빛을 잃
어가는 지금도
소설을 공부하고 시를 노래하는 사람들이 모여
차를 마시고 문학을 논하며 정담도 나누는
표성흠 선생님과 강민숙 선생님이 지키고 있는
월천 구례 큰골 풀과나무의집에 간다.

| 해설 |

《큰골 가는 길》의 소실점

표성흠 시인·소설가

| 후기 |

《큰골 가는 길》로 이르는 시집

박혜원 소설가

| 해설 |

《큰골 가는 길》의 소실점

표성흠 시인·소설가

1.

시는 삶의 그림자이며 언어로 지어진 집이다

 시의 내용은 시인의 생각과 육성 그 자체이며 그 소리는 언어로 나타난다. 따라서 한 시인의 시집을 대하고 보면 그 인간과 삶의 궤적을 알 수 있다. 요즘은 이런 상식적 의미를 초월하는 주의 주장이 너무 많아, 반드시 이 고전적 잣대로 시를 가늠하기는 어렵다. 일부러 이런 주의 주장을 뒤엎는 해체시들이 나돌고 인공지능이 만들어내는 정체불명의 시들도 판을 친다. 그렇다고 시가 송두리째 바뀌는 것은 아니다.

공자님은 일찍이 '시삼백 사무사詩三百 思無邪'라 하여 '시 삼백 편을 읽으면 생각함에 사특함이 사라진다' 하여 시의 본질을 인격 도야에 두었다. 개가 시를 쓰던가? 개는 인격도 개 격도 없다. 백번도 더 써먹은 말이지만 공자의 이 말보다 더 명쾌한 시의 정의가 없고 그게 아니면 시를 쓸 일이 없다.

시의 본질은 어디까지나 시 그 자체 안에 있다

시는 언어로 표현되는 마음이다. 마음을 다른 말로 표현하면 정신이나 영혼에 해당할 것이고 상상력 혹은 바라는 바 그 꿈이 될 것이며, 각 개인의 역사이기도 할 것이다. 이 개인사가 시의 가치를 결정짓는다. 어떤 시인은 나라나 민족을 걱정하는 애국심으로, 또 어떤 시인은 정의와 불의로, 아니면 자연과 생명, 삶과 죽음, 사랑과 미움 등… 시의 갈래는 이루 말할 수 없이 많다. 그렇다고 어느 게 좋고 나쁘다고 구분 지을 수는 없다. 나름대로의 가치가 있을 것이기 때문이다.

문학 작품을 두고 문예사조상으로 나누어 평가하는 평자가 있고 이와는 무관하게 작품 그 자체를 두고 평가하는 평자가 있다. 전자를 택해 주목받는 글을 생산

해내는 이들이 있는가 하면 시류에 관심 없이 자기방식대로 글을 쓰는 이들이 있다. 후자의 경우는 별로 주목받지 못하는 축에 들기 마련이다. 문단과는 무관하게 자기만족과 자기완성을 위해 작품을 쓰는 셈이다. 이들은 대개 문학적 성취 이전에 자기완성을 택하는 창작자들이다.

표영수는 후자이다. 시류에 흔들리지 않고 묵묵히 자기 시를 고집한다. 그의 시를 읽으면 자연과 생명, 그리고 이를 창조한 창조주에 대한 감사를 느끼게 된다. 이는 그의 신앙심에서 비롯되는 것이겠지만 시의 본질이기도 하다. 시의 본질은 마음을 드러내는 집이다. 그런데 그 마음이 어떤 것이냐가 관건이다. 언어의 집 역시 마찬가지다. 어떤 말로 어떤 집을 짓느냐가 관건이 된다. 이 둘이 조합을 잘 이루어야 좋은 시가 된다. 형식과 내용의 조화로운 어울림이다.

표영수는 다소곳한 자기 고장의 말을 선호한다. 그리고 이 언어로 초가삼간을 짓는다. 보기에도 안정되고 사용하기에도 편리한 구조이다. 지극히 절제되고 압축된 상징성을 표현수단으로 삼는다. 시를 읽어 나가는 즉시 느낌이 온다. 억지로 풀이할 필요가 없는 직감적인 감동이다.

    실에 바늘을 걸어
    뜨개질하는 법을 누가 알아냈을까
    누가 시작했을까

    코로나로 바깥일을 줄여야 하는 요즘
    모아 둔 자투리 실을 찾아
    시간의 틈새를
    뜨개질로 메꾸어 본다

    급하게 서둘다
    한 코라도 빠트릴라 건너뛸라 조바심해 가며
    세월의 실에다 한 생을 걸어
    한 단 또 한 단 짜 올라가고 있는 우리

    삶의 뜨개질은 좀 느려도 신중하게
    공들여 곱게곱게 짜 올라가야 한다
    흠결 흉터가 아무리 크고 넓다 해도
    풀어 다시 짜면 되는
    생은 뜨개질이 아니기 때문이다.
                                     —〈뜨개질〉 전문

시집 첫 장에 있는 시이다.

읽어 내려가는 동안 벌써 소화가 다 되었다. 인생 허투루 살지 말라는 경고성 발언이다. 인생은 다시 풀어 짤 수 있는 뜨개질이 아니다. 코로나 팬데믹 시대에 울리는 경종이다. 그러면 인생을 어떻게 살아야 하는가? 문제가 있으면 답이 있어야 한다. 멀리 가 찾을 필요 없이 두 번째 시를 읽어 보면 안다.

아침도 굶고
새벽부터 진동까지 가서
운전면허 시험에 떨어지고 오던 날

평소에는 거들떠보지도 않았던
옆 밭 아저씨
거름 가득 싣고 차로 둑길 달리는 것 보고
그렇게도 존경스러울 수가
돋보일 수가

얼마나 마음 조아리며
돌아서서 절을 했는지
그날 이후
내 어깨가 얼마나 부드러워졌는지

좌우로 목은 또 얼마나 잘 돌아가는지.

—〈명약〉 전문

운전면허시험에서 떨어지고 온 날, 논길에서 만난 트럭 운전사를 보고 느낀 바를 적은 시다. 평시 아무렇지도 않게 보아왔던 이웃 아저씨가 얼마나 위대하게 보였던지 돌아서 절을 하고 또 했다고 한다. 자기 거만함이 쏘옥 빠져 어깨 근육이 확 풀리고 모가지까지 잘 돌아가더라는 이야기다. 이보다 더 솔직한 고백이 또 있을 것인가? 인생의 진면목이다. 이렇듯 겸손하게만 산다면 앞서 이야기한 '뜨개질'의 '다시 풀어 짤 일'이 뭐가 있을 것인가?

한 편 한 편의 낱 시를 읽을 때 느끼는 느낌과, 시집을 펼쳐서 앞뒤를 생각해 가며 읽을 때의 느낌은 다르다. 그렇기 때문에 시집을 만든다.
이 시집은 전편이 이렇듯 서로 얽히고설키어 있다. 문제도 있고 답도 있다.

2.

이 시집의 제목은 '큰골 가는 길'이다.
'큰골'은 시인이 태어나 자란 고향 집이 있는 산골짜기 이름이다. 거기에 〈풀과나무의집〉이 있다.

>나는 지금도 가을밤엔 그곳을 찾는다
>그곳엔 아직도 화석이 되지 못한 고전이 있다
>달빛 휘장 아래 풀잎 숨죽이는 소리
>주먹만 한 별들 서로 비비적거리다 유리알로 깨어지는 소리
>천길 어둠 속을 겁도 없이 수직 낙하
>공중 곡예 중 뛰어내리는 별똥별
>
>(…중략…)
>
>이 문명시대 농약 한 방울 구경 못 한 풀밭에서
>종횡무진 꽁무니에 불을 켜고
>가을밤을 수놓는 개똥벌레
>무디어진 감성 먼지 낀 혼을 닦아내러
>지금도 나는 태고가 숨 쉬는 풀과나무의집에 간다
>　　　　　　　　　　—〈풀과나무의집〉에서

책 읽는 사람들이 줄어가고 글 짓는 사람들이 빛을 잃어가는 지금도, 소설을 공부하고 시를 노래하는 사람들이 모여 차를 마시고 문학을 논하며 정담도 나누는 '표성흠 선생님과 강민숙 선생님이 지키고 있는 월천 구례 큰골 풀과나무의집에 간다.'

 필자와 시인은 친남매지간이다. 이 시를 쓴 시인이 나의 누님인 것이다. 그러니까 '풀과나무의집'은 친정집을 노래한 시이다.

 그러니 객관성을 유지한 평설을 쓰기보다 이 장에서는, 이 시집을 쉽게 읽을 수 있는 길잡이 역할을 할 수 있도록, 먼저 가계도를 그려볼 필요가 있는 것 같다.

 아버지 표재우는 큰골을 개간해 과수원을 만든 인물이다. 일제시대에 면사무소 직원이었던 아버지는, 일본에서 과수원 농사를 짓는 기술을 배워 와 거창에다가 제일 먼저 사과나무를 심고 과수원 일을 장려한 장본인이다. 평생 큰골에서 구례농원을 가꾸며 농부로 지내셨다. 어머니는 아버지 대신으로 농사지은 과실을 읍내 장에 가서 파는 장사를 했다. 역할이 바뀐 생활이었다. 아버지는, 양반은 장사를 하면 안 되는 줄 알았고 어머니는 생계를 위해선 체면치레를 버렸던 현실적인 분이었다. 어쨌거나 그런 두 분의 슬하에서 삼 남매가 자랐다.

언젠가 한번은 아버지가 쓴 일기장에서 절명시를 본 적이 있다. 시인 못잖은 절창이었다. 나는 내 문학적 소양이 어디서 왔는지를 그때 비로소 알았다. 늘 말이 없었던 아버지께서는 글로써 그 말들을 담고 있었던 것이다. 그리고 어머니는 《춘향전》은 물론이고 《박씨전》까지 줄줄 외고 있는 분이셨다. 심지어는 《삼국지》까지 들려주셨다. 이 두 분의 유전자 덕택으로 자녀가 시인 소설가가 된 것은 어찌 보면 당연한 귀결이라 할 것이다. 그리고 더 거슬러 올라가면, 그 문학적 분위기는 외할아버지의 사랑방에서 나오던 먹물 냄새가 아닌가 싶다. 외할아버지 추강 김정수秋岡 金廷洙는 면우俛宇 곽종석[1] 선생의 수제자로, 가북면 추동과 중촌, 아래 위 마을에 살면서 그 집에 오가는 취객 손님들을 일일이 독상 차려 대접해 보내곤 하셨다. 어머니는 어릴 때부터 그 모든 일들을 함께하며 살았다.

 마지막 유생들, 저들의 두루마기 자락과 허연 수염 위에 삐뚜름하게 얹힌 갓… 우리는 이런 분위기 속에서 자연스럽게 문인 기질을 익혔던 것 같다.

---

1 곽종석郭鍾錫(1846년~1919년): 대한 제국기 때, 을사조약이 강제로 체결되자 오적 처단을 상소하였고, 파리강화회의에 독립청원서를 전달한 죄로 옥고를 치른 학자·독립운동가.

6·25전쟁이 한창이던 때, 인민군들이 와서 과수원 복숭아를 따 가는 사태가 벌어졌다. 이때 누님이 불현듯 나타나 인민군을 향해 호령을 했다. "야, 이놈들아. 너희는 남의 물건을 함부로 훔쳐가도 된다고 배웠냐?" 하면서 과일 값을 치르고 가라 했다. 어른들은 간담이 서늘해 숨어서 지켜보고 있는 중이었다. 이때 인민군 지휘관이 나와 사과를 하면서 차용증을 써 주었다. 해방이 되는 날 반드시 찾아와 과일 값을 갚으리란 내용이었다. 어른들이 모두 혀를 내두른, 이런 일을 저지른 누님은 겨우 초등학교 학생이었다. 그 이틀 후인가, 나는 B29의 폭격으로 기절하여 죽다 살아났다. 그때 누님은 찬물을 퍼다 먹였다. 나는 누님의 손길을 지금도 기억하고 있다. 우리에게 '큰골'은 그런 가족사와 개인사를 간직한 곳이다.

누님은 어쩌다가 환갑이 지나 동생한테 시를 배워 쓰기 시작했지만, 어떤 시들은 동생을 훨씬 뛰어넘는다. 일취월장이다. 시를 다루는 솜씨는 시만 파먹고 산 동생이 윗길이지만 그 질량에 있어선 누님이 훨씬 높고 깊다. 인생의 깊이가 다르기 때문이다. 때문에 나는 그를 고수라 부르기에 주저하지 않는다.

3.

시는 삶의 그림자이다

　그림자는, 물체가 있고 그걸 비추는 빛에 의해 생겨나는 흔적이다. 그 비춰진 흔적을 통해 원형에 도달하는 길, '빛과 그림자 찾기' 같은 비밀여행은 즐거운 일이다. 시인은 이 세상 만물을 통해 빛과 그림자를 연출해내는 연출가다. 그걸 보고 어느 정도 즐길 수 있는지는 각자의 몫이다. 때문에 시는, 시인이 반쯤 쓰고 독자가 알아서 반을 더 보태 써야 한다. 이런 합작이 아니고서는 시를 온전히 이해 할 수 없게 된다. 그야말로 아는 만큼 보는 것이다.

　　　　이 떫은 세상
　　　　단맛으로 바꾸어 내기 위해

　　　　껍질 다 깎인 채
　　　　빨간 생살
　　　　날 선 가시에 머리를 꽂혀 매달렸다

　　　　살얼음이 되었다

녹았다
타들어가는 살

꿀맛을 내기까지
온전한 제물로 자기를 드린
사랑의 묘약妙藥
매달린 곶감. —〈예수〉 전문

 예수는 아직까지 십자가에 매달려 있다. 그런데 그 예수는 곶감처럼 매달려 있다. 떫은 세상을 단맛으로 바꾸기 위해, 그 자신이 날 선 가시에 머리를 꽂은 채 매달려 있는 것이다. 껍질을 다 깎인 채 그야말로 빨간 생살을 드러내놓고, 얼었다 녹았다 타들어가, 드디어 꿀맛을 내는 곶감이 된다. 예수, 그는 온전히 자기를 재물로 드린 사랑의 묘약이다.

 아무도 흉내 낼 수 없는 경지다.
 시인은 예수를 우상화하지 않는다. 오히려 그를 빼먹을 수 있는 곶감으로 은유화한다. 예수를 교회 종탑 위에 모셔두기보다 처마 밑에 못을 박아 매달아놓은 가시에 꽂힌 곶감에다가 비유하고 있는 것이다. 예배 대상 예수를 먹어서 살이 되고 피가 되는 달콤한 간식거리

곶감으로 치환시켰다. 최후의 만찬에서 베푼 빵과 포도주를 한국 고유의 음식 곶감으로 바꾼 것이다.

 예수를 곶감처럼 빼먹을 수 있는 존재로 환치시키는 시의 재주는, 단순히 시 쓰는 기술을 익혀 되는 게 아니다. 언어의 집이기 이전에 도달해야 하는 영혼의 깊이가 있어야 한다. 시는 곧 그 삶의 그림자라 한 말이 이런 의미이다. 삶의 궤적이 시를 낳는 것이지 언어조합 기술이 시를 쓰는 게 아니다. 때문에 시 쓰기가 어려운 일이다. 먼저 인간이 되어야 한다. 인간다운 인간이 아니고서는 시가 나오지 않는다. 역설적이지만, 하다못해 인간인 척이라도 해야 시가 나온다. 인공지능이 시를 써내는 이유가 바로 이것이다. 인간인 척하게 프로그래밍 된 그가 인간인 척하는 것이다. 그런데 이 구분이 잘 되지 않는 게 현실이다.

   목마르다 하십니까
   목이 마르다 하셨습니까
   이천 년이 넘도록

   눈비 상관없이
   지붕 꼭대기 홀로 높이
   불타고 계시는 분.   ―〈예수 다시 예수〉 전문

시인은 다시 그 예수를 불러낸다.

그 예수는 이천 년이 넘도록 예배당 꼭대기에서 홀로 불타고 있다. 불은 어둠을 밝히는 빛이다. 추위를 녹이는 열이다. 빛과 열로 세상을 밝히고 녹이는 그는 눈이 오나 비가 오나 상시 그 자리에 높이 들려 있다. 이제 그를 바라보기만 하면 된다. 그렇지만 사람들은 이를 외면한 채 자기 길을 갈 뿐이다. 그들을 내려다보는 그이는 목이 마르다. 인간이 안쓰러워 인간 세상에 내려왔다가 세상 등불이 되어 들려 있는데도 이를 몰라주는 인간이 너무나 안타까워 목말라하고 계신다.

시인의 시는 여기까지 도달해 있다.

인류 구원의 역사를 짧은 몇 줄 시어 속에 녹여서 채운다. 시는 압축과 생략이 그 생명이다. 압축 생략된 시는 이런 시 읽기에 숙련된 독자가 아니면 그냥 지나치기 쉽다. 그 속에 든 상징과 은유를 다 캐내어 즐길 수 있다면 고급 독자라 할 것이다.

여기서 다시 반문해 본다. 인공지능이 과연 이 시를 온전히 이해할 수 있을까? 이천 년 동안 곶감처럼 매달려 있는 예수의 참값을 인공지능이 이해할 수 있다면, 거기 감응해 구원을 위한 기도를 할 수 있을 것인가? 감응의 문제다. 시는 감응이 없으면 아무 소용이 없다. 시 그 자체를 분석한다면 단어 몇 개에 지나지 않는다.

나는 깊은 골

그늘에 숨어 있는 작은 옹달샘이랍니다

펌프질을 하느라

깊은 밤 어둠 속에서도

눈 감아 본 적이 없지요

풀잎이며 나무 꽃 짐승이며 하늘을 나는 새

곤충이며 나비 벌레 한 마리까지

강이며 시냇물에 아직도 끊지 못한 저 탯줄

온 세상 혈맥으로 이어대는 나는

지구의 작은 심장이지요

(…중략…)

변함없는 체온

겨울이 온다 해도 얼어붙을 수가 없는 나는

물의 본향이요

만상에 젖줄을 이어대는 어머니랍니다.

─〈옹달샘〉에서

옹달샘. 세상을 적시는 옹달샘이다.

만물에 젖줄을 대는 대지의 근원 옹달샘, 대지의 어머니이기를 원하는 시인은 이제 세상의 근원인 옹달샘 속으로 돌아갈 준비를 다 한 것 같다. 골짜기 어느 한 모퉁이로부터 솟아올라 들을 적시고 강을 이루고 바다에 드는 동안 뭇 생명들의 마른 목을 축인 옹달샘, 이제는 하늘로 올라 구름이 되고 달이 되고 별이 되어 지금까지 머물던 이 지상을 내려다보고 싶어 한다.

작은 들꽃 하나에서 인생의 길을 보는 것이 시인의 눈이다. 인간은 잠시 이 세상에 머물다 가는 존재라, '어디서 와 어디로 가는가?'라는 원초적 질문을 던지게 마련인데 그 해답은 각각이다. 그런데 시인은 이렇게 답한다.

> 손발 시리고
> 가슴 아린 날은
> 냉이 한 포기 건너가는 길을 보아라
>
> 하얀 실뿌리 언 땅에 드리워 물을 뽑아 올리고
> 맨가슴 햇살에 맞대어 빛을 끌어모으며
> 칼바람 호통 소리에는
> 생긴 대로 납작 땅에 몸 붙여 엎드려
> ─〈냉이 한 포기 건너가는 길을 보아라〉에서

'냉이 한 포기 맨발로 건너가는 길을 보라' 한다.

이 세상 험한 길 끝은 누구나 맨발로 걸어갈 수밖에 없다.

아무것도 가져갈 수 없는, 빈손으로 가는 길이다. 그러나 겨울이 혹독하고 추울수록 향내를 더욱 짙게 품어내는 냉이처럼 될 수 있다면 무엇이 더 두려우랴. 머리에 틀어 얹은 하얀 족두리 화관 하나로 만족할 수 있을 것이다.

시인은 작은 풀꽃 하나에서도 우주의 섭리를 본다.

두 잎 날개로
하늘을 닦는다

죽지 밑 속털로
하늘에 길을

새는 맨발로
하늘을 딛고

더 머언 곳 높은 곳을
숨결로 닦는다

얼이 질세라

속 털도 숨결도 이제는 말고

제 몸 다 날려

혼으로 닦는다.   —〈새는 자기 길을〉 전문

  혼으로 닦는 자기 길이 있다. 그 길은 그 어떤 것으로도 닦이지 않는 길이라 혼으로 닦을 수밖에 없다. 더러운 걸레로 더러움을 지울 수는 없다. 걸레가 깨끗해야 된다. 언젠가 티베트의 포탈라 궁에서 청소하는 아이 하나를 보았는데 그는 신발에다가 걸레를 껴 신고 스케이트를 타듯 구석구석을 닦고 다녔다. 그런데 그 걸레를 빨지 않아 땟자국이 지지 않고 오히려 얼룩을 더하는 모습을 보았다. 그 아이에게 그 이야기를 했더니 그는 히죽 웃으며 달아나 버렸다. 수행처에서도 그렇거늘… 몸을 다 날려야 열 수 있는 게 좁은 문이다. 혼신의 힘을 다 바쳐야 닦을 수 있는 게 업보다. 지은 죄를 속죄하는 길이 구원의 길이다. 시인의 숨결과 길이 여기에까지 닿아 있다. 자기성찰이 없이는 닿을 수 없는 경지다.

    지나온 길

    어느 모퉁이 어느 계곡이

후미지고 트였는지
계곡 물소리
깊고 얕았는지

정상에 올라보니
산 넘어 산 뒷산까지도
어느 줄기 타고 흘러야 가파르고 수월한지
가까운 산에 가려 보이지 않던 길이
잘도 보이더구나

(…중략…)

거친 나그넷길
생의 꼭짓점에 오르고서야 내다볼 수 있었구나
하늘로 트인 길도 미리 볼 수 있었구나
사람이 가야 하는 길도 볼 수 있었구나.
—〈정상에 올라보니 보이더구나〉에서

    시인은 이제 정상에 섰다. 정상에 서니 길이 보인다. 정상에서 바라보이는 또 다른 길은 '큰골로 가는 길'이다. 정상에 올라 이 마지막 길을 보기 전에는 전투적이었다. 세상과 싸우고 가난과 질병과 싸우고 명예와 욕

심과 싸우고 바랄 수 있는 모든 영광을 위해 시간과 정열을 쏟아부었다. 그리고 시인은, 이제 그의 고향으로 돌아갈 수밖에 없는 막다른 골목에 이른다. 돌아갈 고향이 있는 사람은 복되다 할 것이다.

    아드내 다리 건너
    둑을 따라가다 구례 앞
    금귀봉 그 아래
    큰골 가는 길

    발부리에 차이는 돌
    걷어차 내기도 해 가며
    길가 널려 있는 풀 더미 속 꽃들도 꺾어 가며
    나풀거리는 나비도 쫓아가며

    (…중략…)

    조바심할 필요는 없다
    벌써 낭수대 앞
    금귀봉 허리가 보이고 괭이봉 꼭대기가 보이는 지점
    굳이 용쓰지 않아도 앞서 오건 뒤서 오건
    떠밀지 않아도 큰골은 다 가게 되어 있다

그곳에 가면 다 만나게 되어 있다.

—〈큰골 가는 길〉에서

'달래강을 건너 이 둑길 들어서기까지, 몇 바퀴나 시내를 돌고 돌았으며, 교차로를 건널 때마다 두리번거렸고 헐떡거렸'지만, 이제 시인은 '큰골'에서 영원한 안식을 얻고자 한다.

〈낭수대 연가〉 연작과 〈달래강〉 연작에 잘 나타나듯이, 젊은 날의 꿈들은 '꽃도 꺾고 나비도 쫓으며' 패기가 넘치고 화려했다. 열망이 끓어넘쳤다. 그리고 마침내 "절며 가든 걸어가든 자전거로 가든 차로 가든/ 이 둑길 따라가다 보면/ 나도 몰래 절로 닿아 있는 곳" 그 모든 것들이 이르는 소실점이 있다.

한 축을 향해

두 가닥 자기를 비틀어
감싸안고 괴어 주며

꼬여 가는
새끼줄

소실점까지.

—〈부부〉 전문

　어떤 선의 마지막 점이 소실점이라면, 그 어떤 길의 마지막도 이 소실점에 해당될 것이다. 영혼이 쉴 곳을 찾아가면서 그 끝 간 데를 마무리 짓는, 내면적 소실점이 '큰골'이라면, 지금까지 표면적으로 드러났던 '큰골'은 시적 장치에 불과하다. 결국 궁극적 소실점은 '한 축을 향한 사랑에 대한 그리움과 그 재회에 대한 꿈일 것이다. 이것이 이 시들을 탄생시킨 원동력이다. 곧 깊고 높은 사랑의 승리이다.

　시는 보이는 글자 외에 행간에 묻힌 맥락을 이해하는 게 핵심이다. 그리고 그 행간의 얽히고설킨 새끼줄을 풀어가며 수많은 그림자의 전체를 꿰뚫어보는 일이 시집 읽기의 묘미일 것이다. 더구나 그 소실점에서, 창세의 신화와 우주의 원리까지 되새기게 만드는 것이, 표영수 시의 비밀이며 재미이다.

　몇 단어 안 되는 시의 의미는 이렇듯 확산되어 나간다. 시의 원대함이다.

| 후기 |

《큰골 가는 길》로 이르는 시집

박혜원 소설가

《큰골 가는 길》은 표영수 시인의 네 번째 시집이다.

2003년 첫 번째 시집 《새는 자기 길을》, 2007년 《소나기 덕분에》, 2018년 《하루의 꽃》을 발간한 후, 언제부턴가 나의 엄마 표영수 시인은 또 한 권의 책을 엮어도 되겠다고 이야기해 오셨다. 그런데도 나는 못 들은 척하고 있었다. 그러나 내내 마음에 가시처럼 걸려 있는 일이기도 했다. 그러던 차에 지역문화예술육성지원 추가 신청이 있음을 알게 되었다. 그때 나는 제주도에서 유유자적 놀고 있었는데, 운명처럼 예술진흥원의 공지를 보게 된 것이었다. 잡다한 서류작성과 진행과정을 생각하면 망설여지는 일이지만, 그래도 혹시 하며 신청했던

건데 승인이 났다. 물론 그 후에 살인적인 더위와 함께, 여러 가지 절차가 복잡했지만, 그 모든 힘든 과정을 상쇄하고도 남을 만한 《큰골 가는 길》이 탄생했다.

평생을 자연과 함께해 온 엄마의 시 속에는 꽃과 나무가 자라고, 하늘과 땅, 강물이 도도하게 흐르고 있다. 달밤에 달맞이꽃이 흐드러지게 피어 길을 밝히고 억만 성좌가 '달래강'을 비추고 있다. 그리고 그 강가 둑을 따라 걸으며 이슬에 젖을 때까지 사랑을 나누었던 사람에 대한 아름다운 기억이 있다.

> 모찔 다리 건너/ 구례로 오는 하천 둑/ 교교한 달빛 드리워진 우윳빛 휘장을 뚫고/ 휘파람 소리로 건너오던/ 그대 모습 보여
> ─〈달래강 휘파람 소리·1〉에서

추억 속 휘파람 소리는 귀에 쟁쟁하고 그 소리를 담은 강물의 흐름은 땅을 적시고 하늘의 별과 맞닿아 있다. 그리고 마침내 그 기억은 엄마의 가슴에 스며들어 시심詩心으로 출렁인다.

자녀들은 엄마가 시로 풀어내는 삶의 이야기에 귀 기울이고, 오늘 받은 '선물 같은 하루하루를 맑고 곱게 물

들여가'며 살아야 함을 생각한다.

> 아드내 다리 건너/ 둑을 따라가다 구례 앞/ 금귀봉 그 아래/ 큰골 가는 길//
> (…중략…)
> 조바심할 필요는 없다/ 벌써 낭수대 앞/ 금귀봉 허리가 보이고 괭이봉 꼭대기가 보이는 지점/ 굳이 용쓰지 않아도 앞서 오건 뒤서 오건/ 떠밀지 않아도 큰골은 다 가게 되어 있다/ 그곳에 가면 다 만나게 되어 있다.
> ―〈큰골 가는 길〉에서

이 시에는 구십여 년의 장구한 세월을 살아내 온 사람으로서의 삶의 여정과 혜안이 담겨 있다.

'발부리에 차이는 돌 걷어차 내기도 해 가며, 길가 널려 있는 풀 더미 속 꽃들도 꺾어 가며 나풀거리는 나비도 쫓아가며' 젊은 날의 열정과 욕망으로 두리번거리며 돌고 돌아 이르게 되는 '큰골'. 그곳은 '조바심하거나 굳이 용쓰지 않아도' 둑을 따라 걷다 보면, 누구나 가게 되어 있고 누구나 다 만나는 곳이다. 이렇게 말하는 데는, 그동안 삶의 굴곡진 여정을 치열하게 살아온 사람으로서의 여유와 통찰력이 있다. 거친 길 '생의 꼭짓점'을 내다본 자로서의 당당함으로, 사람이 가야 하는 길을 이야기하고 있는 것이다.

 인간은 누구나 걸어오면서 만났던 모든 것들에게 감사하는 마음으로 '큰골'을 향해 가는 것이다. 시집《큰골 가는 길》은 그곳에 이르는 안내서와도 같다고 할 것이다.

 엄마는 천상 시인이었다. 나는 문우文友로서의 엄마를 만날 수 있어서 참 기쁘다.
 이제 또 십여 년 후에 엄마의 다섯 번째 시집이 발간되기를 기대한다.

경남시인선 247

큰골 가는 길
표영수 시집

펴낸날	2025년 8월 20일

지은이	표 영 수
펴낸이	오 하 룡
펴낸곳	도서출판 경남

주소	창원시 마산합포구 몽고정길 2-1
연락처	(055)245-8818, fax.(055)223-4343
블로그	gnbook.tistory.com
이메일	gnbook@empas.com
등록	제1985-100001호(1985. 5. 6.)
편집팀	오태민	심경애	구도희

ISBN 979-11-6746-191-9-03810

ⓒ표영수

* 이 책은 경상남도 경남문화예술진흥원의 문화예술지원을
  보조받아 발간되었습니다.
* 잘못된 책은 바꿔 드립니다.
* 저자와 협의 인지 생략합니다.

값 13,000원